UN MOT

SUR LA

VIE A BON MARCHÉ

PARIS

IMPRIMERIE DE L. TINTERLIN ET C⁰

rue Neuve-des-Bons-Enfants, 3

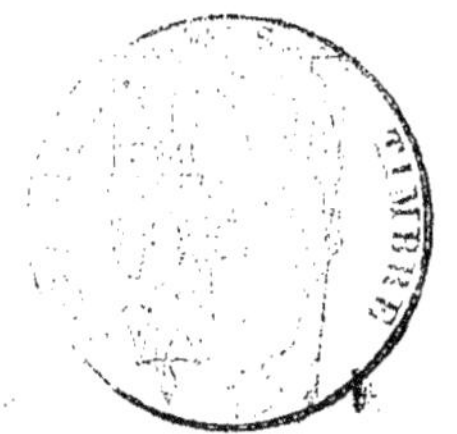

UN MOT

SUR LA

VIE A BON MARCHÉ

PAR

M. CH. BAILLY

PARIS

E. DENTU, LIBRAIRE-ÉDITEUR

GALERIE D'ORLÉANS, 13, PALAIS-ROYAL

1860

UN MOT

SUR

LA VIE A BON MARCHÉ

Les questions économiques ne sont encore l'objet des études que d'un petit nombre de personnes. Les faits sur l'observation desquels elles reposent, les causes et les conséquences de ces faits ne sont guère examinés que par ceux que leurs intérêts de commerçants ou leurs devoirs d'hommes d'État engagent ou obligent à s'en occuper. A ces deux catégories il faut cependant en ajouter une autre ; et elle mérite d'autant plus de ne pas être oubliée qu'elle se compose de ceux qui, par amour pour la science ou par un sentiment de philanthropie, s'appliquent à cette étude dans un but tout désintéressé : celui de trouver et de formuler quelques règles qui permettent d'en faire jaillir, pour la propagation du bien-être commun, des sources fécondantes. Mais à part ces trois classes d'adeptes, on ne trouvera que quelques rares exceptions. Certes, le temps et les idées ont marché depuis l'époque où l'on regardait comme des théoriciens s'agitant dans le vide les fondateurs de ces principes d'économie publique, et où Turgot, qui avait cherché et réussi, à certains égards, à mettre en pratique quelques-unes de ces théories, était, malgré l'appui de Louis XVI, obligé de se retirer devant le nombre croissant des ennemis que ses réformes lui avaient suscités. L'économie politique a pris son rang aujourd'hui. Toutefois malgré les travaux de publicistes éminents, cette science n'a pas pénétré assez avant dans les masses auxquelles son nom seul inspire encore une défiance dont elles ne se rendent pas compte, mais qu'expliquent, jusqu'à un certain point, les abstractions dont se composent les axiomes économiques. Et cependant la presque généralité de ces questions intéresse au plus haut degré les populations laborieuses. Quel est celui des problèmes qu'agite l'économie politique qui ne touche de près ou de loin à l'existence même de la classe ouvrière?

Il semble donc qu'on ne saurait trop chercher à propager l'examen et l'étude de ces questions. Mais, pour arriver à ce résultat, il faudrait commencer par les dégager des idées et des expressions mêmes qui peuvent à des esprits peu familiarisés avec elles paraître ne pas présenter un sens bien arrêté.

De toutes ces questions, la plus importante, car c'est, en quelque sorte, vers elle que tendent toutes les autres, c'est celle de la vie à bon marché. Et, en effet, la solution de ce problème social a été de tout temps et à juste titre l'objet des méditations des esprits sérieux. Le programme impérial du 5 janvier dernier, en traçant d'une manière si large la nouvelle voie économique, s'est proposé de trouver cette solution dans les dégrèvements ou affranchissements d'une foule d'objets et de matières premières, à leur importation de l'étranger.

Il a donc eu pour but, et il le dit, de répandre, par ce moyen, l'aisance dans les classes ouvrières.

La vie à bon marché, tel est, en effet, le vœu du plus grand nombre et surtout de ceux qui ne subsistent que par le prix d'un labeur quel qu'il soit.

En voyant le gouvernement de l'Empereur entrer ainsi dans une voie depuis si longtemps préconisée par les économistes de presque toutes les écoles, nous espérions que ceux-ci développeraient avec empressement, au point de vue pratique, les moyens d'amener un résultat si désirable. Nous pensions que, débarrassés des entraves légales que leur avait opposées jusque-là un ordre de choses contraire à leurs idées, ils allaient exposer les conditions de ce bon marché qui, tout l'indiquait, devait être la conséquence de l'application de leurs théories.

Ce n'est donc pas sans surprise que nous avons vu un journal pour lequel la doctrine libre-échangiste a été jusqu'ici une religion, exprimer quelque incertitude au sujet des résultats de cette réforme.

D'immédiats qu'ils devaient être dans le principe, ils étaient renvoyés à une échéance plus éloignée; et enfin un dernier article les présenta presque comme problématiques et pouvant bien ne pas suivre les mesures à l'adoption desquelles on avait jusqu'à ce moment attaché le bien-être des masses.

Les lignes auxquelles nous faisons allusion, et qui étaient signées par un homme qui s'est fait depuis longtemps un nom parmi les libre-échangistes, nous avaient donc jeté dans un profond étonnement : et, certes, on en conviendra, une semblable défiance de la part d'une aussi grave autorité économiste, était bien de nature à justifier celle qui s'empara de nous.

Nous avons été ainsi naturellement amené à réfléchir sur cet important sujet, et c'est le résultat de ces réflexions que nous allons exposer ici. Sans vouloir rechercher si, au point de vue des intérêts généraux, la protection est ou non plus efficace que la voie du libre-échange, car c'est un problème dont l'avenir seul pourra dégager l'inconnue, nous avons essayé de nous rendre compte de la possibilité, dans les conditions actuelles, de ramener la vie à bon marché. Et d'abord, il faut définir ce qu'on entend par la vie à bon marché. S'agit-il seulement de donner à chacun le pain nécessaire au soutien de l'existence? Évidemment non : outre la nourriture, il y a encore le logement, le chauffage, le vêtement, l'ameublement. Ce sont là, si nous ne nous trompons, les conditions premières reconnues par tous. Nous espérons qu'on n'ira pas au delà de notre pensée : toutes les différentes indispensabilités que nous venons d'énumérer, nous ne les demandons que dans des proportions justes et convenables. Il y a, à cet égard, dans les masses, plus de bon sens qu'on ne le croit.

« Si l'on veut, disait M. Delamarre dans ses *Études sur la vie à bon marché* (1), que la vie matérielle soit facile à tous, il faut arriver à ce que chacun puisse se procurer les objets de première nécessité aux meilleures conditions possibles, de bonne qualité, et à *bas prix*. »

Cela est vrai ; mais quelles sont ces conditions possibles aujourd'hui : car il ne faut pas perdre de vue que c'est en 1860 et non en 1810 ou 1812 que nous vivons.

Nous sommes, nous l'avouons, du nombre de ceux qui n'ont encore qu'une notion bien incomplète des théories économistes. Mais, pour l'examen de la question qui nous occupe, nous trouvons dans cette inexpérience même notre plus grand appui. A l'abri des préoccupations où peut entraîner le parti pris, nous chercherons à analyser les faits tels qu'ils se déroulent devant nous depuis plusieurs années. Nous tâcherons de remonter à la cause de ces faits et d'en déduire les conséquences. Il s'agit d'une question d'intérêt général, et comme nous croyons être dans le vrai, nous avons pensé qu'il était de notre devoir de garantir contre une défaillance dangereuse ceux qui auraient été tentés d'espérer au delà du possible. Le découragement serait d'autant plus grand, que la croyance au bien-être aurait été plus forte et qu'on se serait cru plus près d'y atteindre.

L'homme raisonne, en général, aussi peu sa confiance que ses craintes ; et lorsque la réalité est venue mettre à néant l'exagération de ses espérances, il est prompt à accuser de cette déception tout autre que lui-même, à qui seul pourtant il doit s'en prendre si le palais qu'il a bâti dans ses rêves s'écroule faute d'être édifié sur les solides assises du raisonnement.

Toute la question nous semble reposer sur deux éléments d'appréciation dont on ne paraît pas avoir, en général, suffisamment reconnu l'importance au point de vue qui nous occupe. Le premier, c'est le développement des affaires commerciales et industrielles qui s'est

(1) 1851. Paris, Michel Lévy.

produit en France depuis plusieurs années déjà. Le second prend sa source dans la masse de numéraire provenant des mines d'Australie et de Californie, et qui a été jetée en même temps dans la circulation.

Nous allons essayer d'examiner rapidement ces deux causes :

I.

Le commerce spécial (1) de la France était en 1829 de 988 millions de francs. Il s'est successivement élevé en 1839 à 1,328 millions, en 1849 à 1,812 millions; enfin, en 1858, à 3 milliards 161 millions.

C'est donc, pendant une période de trente ans, un accroissement de 320 pour cent.

Cet énorme accroissement, qui dénote un développement correspondant d'une multitude de productions de toute sorte, commerciales et industrielles, et, il faut l'admettre aussi, de consommations, a fait de la France un des pays les plus riches : or, si un pareil résultat a été obtenu sous un système de protection, des entraves duquel on paraît aujourd'hui presque généralement vouloir s'affranchir, que ne doit-on pas attendre des nouvelles mesures qui ont toujours été présentées par les économistes comme la clef de tous les greniers d'abondance ?

Toutefois, est-il bien démontré que la richesse d'un pays soit l'expression exacte de la richesse du plus grand nombre de ses habitants ? Nous entendons ici crier peut-être au blasphème : c'est possible ; mais nous voudrions, à cet égard, être plus complétement édifié que nous ne le sommes. Il est un fait que nous croyons incontestable : c'est que

______

(1) Le commerce spécial comprend à la fois ce qui, venu du dehors, est mis en consommation, et tout ce qui est expédié de notre marché intérieur, à destination de l'étranger.

l'extension qui, depuis trente ans, a été donnée aux transactions commerciales et industrielles, n'en a amené une correspondante de fortune et de bien-être matériel qu'à une partie de la population, composée d'industriels, de négociants surtout, de tous ceux, en un mot, qui peuvent faire fructifier des capitaux, qui, par conséquent, ont des capitaux à eux ou à leur disposition. Or, tous ceux qui consacrent leur temps et leur intelligence à l'exécution d'un travail journalier rétribué peuvent-ils être rangés dans une des catégories que nous venons d'énumérer? Évidemment non : ceux-ci qui, en général, vivent au jour le jour, pour ainsi dire, et ne reçoivent qu'une rémunération le plus souvent insuffisante, se trouvent dans l'impossibilité d'amasser des capitaux qui leur permettent de profiter à leur tour de ce développement commercial.

Cette augmentation de richesse publique est donc pour certaines classes plus apparente que réelle. Nous allons plus loin. Elle a même produit un résultat contraire. En faisant arriver dans les mains de quelques-uns une plus grande quantité d'argent, elle en a diminué pour ceux-là mêmes la valeur; tandis que, par contre-coup, elle tendait à abaisser matériellement les classes à revenu fixe et à les placer ainsi dans une position relativement inférieure à celle qu'elles occupaient précédemment.

En effet, la production, quelque considérable et progressive qu'elle soit, ne correspond pas au nombre croissant des consommateurs. Et comme la loi qui préside à l'évaluation des objets consiste dans le rapport de l'offre à la demande, celle-ci, augmentant sans cesse de la part des classes dont la position s'améliore, fait successivement et inévitablement monter le prix des objets, même de première nécessité, qui deviennent ainsi difficiles à atteindre pour ceux qui ont à vivre d'un salaire fixe.

Il en est résulté le phénomène suivant, sur lequel nous appelons plus particulièrement l'attention, car il ne nous paraît pas avoir été envisagé jusqu'ici sous ses véritables aspects. Une grande partie des classes les plus favorisées se trouvant de la sorte en possession d'une somme de revenus plus considérable, s'est rendue *consomma-*

trice de beaucoup d'objets, autres que ceux qui lui étaient précédemment habituels, et que nous pourrions appeler de demi-luxe.
En un mot, elles ont pu consommer en plus grande quantité certains produits ou mettre un prix plus élevé à d'autres; tels que logement, ameublement, etc. Ces objets étant plus recherchés, le
prix a suivi la même progression : nombre des anciens consommateurs de ces produits ont dû, en présence de cette hausse, restreindre
d'abord, puis cesser leurs demandes, et sont descendus d'un degré,
pour ainsi dire, dans l'échelle de la consommation.

Or, à l'égard de ce degré inférieur, il s'est présenté le même fait
que pour le précédent : la plupart de ceux des consommateurs dont
la position ne s'est pas sensiblement améliorée, ayant eu à subir la
hausse occasionnée dans ce milieu par un mouvement ascensionnel
analogue, se sont vus, eux aussi, dans la nécessité de descendre; et
ainsi de suite, jusqu'à ce que, arrivée de proche en proche au degré
des indispensabilités de chaque jour, cette décroissance ait réagi
d'une manière plus préjudiciable encore sur les classes à revenu in-
suffisant et déterminé (1).

Tel a été, croyons-nous, le jeu continu, quoique latent, de cette
augmentation successive de bien-être pour certaines classes. Dans
ces conditions, n'est-ce pas se flatter d'un vain espoir que de croire
au retour de la vie à bon marché, c'est-à-dire à une diminution de
prix sur les éléments principaux qui la constituent?

Si les causes que nous signalons sont les véritables, et nous n'en
doutons pas, les dégrèvements de taxes, loin de permettre d'atteindre
le but qu'on se propose, et qu'on doit évidemment se proposer, ne
feront qu'y apporter un obstacle de plus, par le développement nou-
veau d'industrie et de commerce que ces mesures ont pour objet
d'amener.

(1) « Le luxe, a dit Montesquieu, est toujours en proportion avec l'inégalité des fortunes. » (Liv. VII, ch. Ier.).

II.

La seconde cause, nous l'avons dit, c'est le prodigieux accroissement du numéraire.

Quelques chiffres suffiront ici pour faire comprendre l'importance de cet élément dans la question qui nous occupe.

Nous n'avons pas de donnée certaine sur la quantité du numéraire circulant en France à la fin de 1828 ; mais plusieurs documents nous portent à croire que nous ne sommes pas loin de la vérité en indiquant qu'elle s'élevait alors à environ 3 milliards 200 millions.

A partir de cette époque, les Tableaux de commerce permettent d'arriver à des résultats qui paraissent plus précis. Or, dans une période de trente ans, de 1829 à 1859, l'excédant des importations sur les exportations d'or et d'argent a été de quatre milliards environ. En admettant que la très-majeure partie, sinon la totalité, de ces métaux précieux soit entrée, comme numéraire, dans la circulation, celle-ci serait aujourd'hui de 7 milliards au moins. Le chiffre du numéraire aurait donc plus que doublé depuis trente ans.

Si, comme nous le croyons, cette somme effective se trouve, par les diverses transmissions résultant des échanges ou transactions, portée non pas au triple, ni au décuple, mais au centuple, la valeur représentative en diminue par cela même, et tend, par suite, à créer une hausse du prix ; car, pour le commerçant, pour le vendeur surtout, le prix antérieurement fixé d'un objet n'est plus en rapport avec la valeur ainsi amoindrie du numéraire.

En résumé, deux causes nous paraissent devoir empêcher que la conséquence des mesures adoptées dans de si généreuses intentions soit celle que l'on avait eue surtout en vue : l'établissement de la vie à bon marché. Le développement commercial et l'importation énorme de métaux précieux se prêtant un mutuel concours, ont créé pour tous les objets une hausse de prix qui se trouve amenée par des faits à l'égard desquels la sollicitude du gouvernement sera et ne pourra être qu'impuissante. Cette hausse, dès lors, non seulement se maintiendra, mais les mesures mêmes par lesquelles on espère y rémédier tendront de plus en plus à l'augmenter. Donc la vie à bon marché ne nous paraît pas pouvoir être atteinte dans les conditions actuelles. Donc aussi il faut rechercher des moyens de compensation.

Nous n'ignorons pas que cette vérité commence à se faire jour dans certains esprits favorables au libre-échange. Mais ils pensent qu'un effet équivalent se produira par l'exhaussement du niveau des fortunes. Nous ne partageons qu'en partie cette opinion. Elle n'est vraie qu'en ce qui concerne ceux chez lesquels cet exhaussement de fortune a eu lieu précisément par des moyens commerciaux et industriels ; car les prolétaires et les salariés, ouvriers ou employés quels qu'ils soient, ne peuvent évidemment pas avoir vu s'élever proportionnellement le niveau de leur propre fortune. Ce niveau a même sensiblement baissé, par cette double raison que tout a renchéri, et qu'autour d'eux les positions matérielles se sont généralement améliorées.

On objectera peut-être qu'un certain nombre d'objets, manufacturés principalement, ont plutôt diminué qu'augmenté de prix, et que, par conséquent, le renchérissement n'est pas général. Nous n'avons pas voulu dire le contraire. Pourtant, sans examiner si les objets qui ont ainsi baissé de prix sont égaux en qualité à ceux que l'on fabriquait autrefois, nous pensons que, dans de pareilles questions, c'est de l'ensemble qu'il faut s'occuper ; or, nous ne croyons pas que personne puisse aujourd'hui contester que la vie matérielle n'ait éprouvé un changement notable dans le sens que nous indiquons.

Notre intention ne saurait être, on le comprendra, d'entrer ici dans l'examen des transformations qu'ont pu subir les éléments qui constituent cette vie matérielle. Ce que nous avons voulu dire, et ce que nous cherchons surtout à démontrer, c'est que les positions relatives des diverses classes de consommateurs se sont trouvées et se trouvent modifiées d'une manière désavantageuse pour quelques-unes d'elles, et particulièrement pour celles que nous venons de désigner.

Comment donc créer pour les classes ainsi refoulées un dédommagement qui leur permette d'envisager à leur tour comme favorable cette nouvelle impulsion donnée au commerce et à l'industrie, en un mot à la richesse publique ?

Ce but ne pourra être atteint que par des mesures toutes spéciales. Les développements qu'exigerait l'examen de celles que nous pourrions indiquer sortiraient du cadre que nous nous sommes tracé. Mais il nous paraît utile et plus que jamais opportun d'appeler la sérieuse attention de tous sur les moyens d'obvier aux inconvénients que nous signalons. Nous nous adressons surtout à ceux que leur position met à même de s'en occuper d'une manière plus fructueuse, et, disons-le, conforme aussi à leurs vrais intérêts.

Deux classes principalement sont profondément atteintes par ces renchérissements successifs et continus : les employés et les ouvriers.

Quant aux premiers, leur position a été déjà l'objet de la sollicitude du gouvernement. Toutefois la mesure est loin d'avoir été suffisante. Il faut, sans doute, faire ici la part de la multiplicité des canaux qui s'alimentent aux sources du trésor public, et qui ne laissent aux bienveillantes intentions du pouvoir que des facultés restreintes. Et pourtant nous croyons que les employés qui sont chargés, à leur tour, de ramener, par tant de moyens différents, dans ce grand réservoir, les affluents destinés à l'entretenir, ne sauraient être condamnés ainsi à un travail stérile pour eux seuls.

Sur cette question, d'ailleurs, nous ne pourrions que répéter bien faiblement ce qu'une voix éloquente et convaincue a fait entendre, il y a un an. Nous renvoyons donc nos lecteurs à l'excellente et philanthropique étude de l'honorable M. Paul Dupont (1). Les difficultés de la situation qu'il dépeignait alors , n'ont fait que s'accroître depuis. Avec l'autorité que lui donnait si justement, en pareille matière, l'application faite, par lui-même, de ses théories à tous ceux dont il dépendait de lui d'élever la rémunération, il a pu, mieux que personne, faire comprendre l'intérêt que la société et le gouvernement, qui en est l'expression la plus élevée, ont à opérer des améliorations dans ce sens.

En ce qui concerne les ouvriers, malgré les augmentations de salaire qu'ils ont reçues, on ne saurait se dissimuler qu'on n'est pas arrivé, même à peu près, à équilibrer leurs ressources pécuniaires avec la cherté actuelle. Ici, il ne s'agit plus seulement du bien-être, c'est l'existence même qui est en question. Et, en effet, si, pour les autres classes, le renchérissement a eu pour résultat d'atteindre, à différents degrés, ce que l'on peut considérer comme le superflu, pour la classe ouvrière il affecte les objets mêmes de première nécessité. Or, ce sont ces objets qui, depuis quelque temps, sont devenus presque inabordables. C'est pour se les procurer et pour se loger (ce qui est aujourd'hui d'une grande difficulté à Paris), que l'ouvrier est obligé de concentrer toutes ses économies.

Nous espérons que de nouvelles améliorations diminueront bientôt, et, de plus en plus, la distance qui sépare encore ses ressources de ses besoins. Mais il ne dépend pas du gouvernement seul d'amener ce résultat : il ne peut ici que donner l'impulsion. On doit désirer que les chefs d'établissements industriels trouvent, d'une part, dans les conditions plus favorables où ils pourront se procurer désormais les matières premières, et, de l'autre, dans les perfectionnements qu'ils devront nécessairement apporter à leurs procédés de fabrication, les moyens de soutenir avec avantage la concurrence étrangère , et de faire suivre au salaire des ouvriers qu'ils emploient une progression en rapport avec la dépréciation des espèces.

______

(1) *Insuffisance des Traitements en général*, etc. — 1859, Paris, Paul Dupont.

Nous ne pouvons que faire des vœux pour que telle soit la conséquence des nouvelles mesures économiques; et nous serions heu-
reux si les quelques considérations que nous venons d'exposer
pouvaient contribuer à fixer l'attention sur cet objet important.

FIN.

www.ingramcontent.com/pod-product-compliance
Lightning Source LLC
Chambersburg PA
CBHW051207050726
47594CB00007B/3099